우리가 모르는, 진짜 우리 다람쥐

다람쥐

우리가 모르는, 진짜 우리 다람쥐

다람쥐

2011년 6월 15일 처음 펴냄
2015년 10월 16일 3쇄 찍음

지은이 • 김황
그린이 • 김영순
펴낸이 • 신명철
펴낸곳 • (주)우리교육
등록 • 제313-2001-52호
주소 • (04000) 서울특별시 마포구 월드컵북로 43
전화 • 02-3142-6770
팩스 • 02-3142-6772(주문), 02-3142-8108(출판)
홈페이지 • www.uriedu.co.kr
카페 • cafe.naver.com/ddoya
이메일 • urieditor@uriedu.co.kr
출력 • 한국커뮤니케이션
인쇄제본 • 상지사P&B

* 잘못된 책은 바꾸어 드립니다.
* 이 책의 내용을 쓰려면 반드시 저작권자와 (주)우리교육의 서면 허락을 받아야 합니다.
* 책값은 뒤표지에 있습니다.
* 본문에 쓰인 사진 가운데 저작권자를 찾지 못한 것이 있습니다. 빠른 시일 내에 허락을 받도록 하겠습니다.
* 본문 속표제지 그림 • 나정음(서울 성원초)

ⓒ 김황, 김영순, 2011
ISBN 978-89-8040-443-8 73490

이 도서의 국립중앙도서관 출판시도서목록(CIP)은
e-CIP홈페이지(http://www.nl.go.kr/ecip)와 국가자료공동목록시스템
(http://www.nl.go.kr/kolisnet)에서 이용하실 수 있습니다.
(CIP제어번호: CIP2011002170)

우리가 모르는, 진짜 우리 다람쥐

다람쥐

김 황 글 | 김영순 그림

이야기에 앞서

나는 일본에서 살면서 동물 이야기를 쓰는 교포 작가예요.

일본은 세계에서도 이름난 공업국이지만, 야생동물 보호에 힘쓰는 나라이기도 해요. 산에는 아직도 반달가슴곰이 살고 있고, 사라졌던 황새와 따오기를 다시 자연에 되돌리기도 했지요.

이렇듯 비교적 야생동물을 쉽게 만날 수 있는 일본에 살면서도, 한국의 친구들을 부러워하는 게 있어요. 바로 다람쥐예요.

"일본에는 다람쥐가 없나요?"

친구들이 묻는 소리가 들리는 것 같네요.

일본에도 다람쥐는 있어요. 허나 도쿄나 오사카, 내가 사는 교토에서는 살지 않아요. 사라진 것이 아니에요. 일본 다람쥐는 북쪽 끝에 자리한, 나무가 많은 홋카이도에서만 산답니다. 그래서 홋카이도를 뜻하는 '에조'란 말을 붙여 '에조 다람쥐'라 부르기도 하지요.

일본 다람쥐는 머나먼 옛날 일본이 대륙과 붙어 있었다는 증거가 된다고 해요. 일본에서 그 '역사의 증인'을 만나려면 홋카이도로 가야 하니, 귀여운 다람쥐를 쉽게 만날 수 있는 한국의 친구들이 너무나 부러운 거예요.

그런데 요즘은 도쿄나 오사카 같은 대도시에서도 다람쥐를 쉽게 만날 수 있어요. 홋카이도에서만 산다는 다람쥐가 어째서 대도시에 있는 걸까요? 수

수께끼의 답은 간단해요. 동물 가게에 가면 다람쥐를 쉽게 만날 수 있게 되었답니다.

그런데 일본의 동물 가게에서 파는 다람쥐는 바로 '한국 다람쥐'였답니다. 지금은 한국 정부에서 다람쥐 수출을 금지하고 있지만, 식민지 시기부터 꽤 오랫동안 다람쥐는 수출품으로 일본에 왔어요. 홋카이도의 일본 다람쥐는 법으로 보호받고 있었는데, 가슴 아픈 일이지요.

일본에 오게 된 한국 다람쥐를 여러 사람이 연구해, 지금 일본에는 다람쥐에 대한 자료가 많이 남아 있어요. 일본 다람쥐와 비교해 보면, 같은 다람쥐인데도 다른 점이 발견된답니다. 물을 마시는 법이 다른가 하면 겨울잠을 자지 않는 다람쥐도 있지요.

나는 일본에 살아서 한국어와 일본어를 모두 할 수가 있어요. 그 유리한 점을 이용하여 한국과 일본에서 연구해 온 다람쥐에 대한 재미난 이야기를 친구들에게 알리고자 해요. 아마도 이때까지 알던 다람쥐에 대한 상식이 많이 달라질 거예요.

그럼 시작해 볼까요?

— 김 황

차례

이야기에 앞서 — 4

1. 옛이야기 속 다람쥐
1) 다람쥐의 줄무늬를 세어 본 적 있니? — 10
2) 다람쥐는 쥐가 아니야 — 19

다람쥐의 몸

2. 다람쥐의 생활
1) 나무 위도 땅속도 모두 내 집이야 — 28
   * 다람쥐의 땅속 둥지
2) 내가 도토리만 먹는다고? — 36
   * 둥지에 모아 놓고 땅에 묻어 두고
3) 겨울잠 자는 동안에도 나는 자주 일어나 — 40
   * 겨울잠 자기 겨울잠 깨기
4) 부지런한 수컷이 암컷을 만날 수 있어 — 46
   * 어른 다람쥐가 되려면

천적을 피하는 방법

3. 한국 다람쥐의 친척들
  1) 청설모는 억울해 — 54
   * 알고 보면, 다른 점이 더 많은 다람쥐와 청설모
  2) 어디에 있을까, 한국의 날다람쥐 — 60
  3) 귀여운 만큼 귀한 동물, 하늘다람쥐 — 63

  <한국 다람쥐와 일본 다람쥐>

4. 한국 다람쥐의 슬픈 역사
  1) 한민족과 함께 살아온 한국 다람쥐 — 68
  2) 한국을 떠난 동물들 — 70
   * '일본의 친선 대사'로 미국에 도착한 한국 다람쥐

  <심각한 생태계 혼란>

5. 다람쥐와 함께 사는 숲
  1) 도토리는 멧돼지가 먹는 밤? — 80
  2) 나무와 동물이 맺은 약속 — 81

  이야기를 마치며 — 86
  사진으로 보는 다람쥐의 삶 — 88
  참고 도서 — 100

1. 옛이야기 속 다람쥐

1) 다람쥐의 줄무늬를 세어 본 적 있니?

다람쥐는 영어로 '칩뭉크chipmunk'예요. 이것은 아메리칸인디언의 말이지요. 북미 대륙에 도착한 유럽 사람들은 그곳에서 다람쥐를 처음 보았어요. 유럽에는 다람쥐가 살지 않았기 때문이에요. 그래서 인디언들이 붙인 이름 그대로 부르게 되었지요.

북미 대륙에는 총 25종의 다람쥐 가운데 24종이 살고 있어요. 유라시아 대륙의 '시베리아 다람쥐'를 제외한 나머지가 그곳에 사는 거예요.

아메리칸인디언은 다람쥐가 숲을 만들어 준다는 사실을 잘 알았어요. 그래서 다람쥐를 사랑했고 그에 대한 많은 이야기를 가지고 있었지요.

그 가운데 가장 유명한 것은 '어째서 다람쥐의 등에는 줄무늬가 있을까?'라고 해요. 그 이야기는 다음과 같아요.

옛날, 세상이 아직 어둠 속에 있었을 때의 이야기예요. 동물들 중 누구도 빛을 보지 못했지요.

그러던 어느 날, 숲의 모든 동물이 빈터에 모였어요. 하느님이 이대로 어두운 밤이 계속되는 세상이 좋을지, 햇빛이 반짝이는 낮만 이어지는 세상이 좋을지 결정하라고 한 거예요.

곰, 사슴, 미국 너구리, 늑대, 다람쥐 등 숲에 사는 동물들이 산골짜기에 올라갔어요. 그때 다람쥐는 줄무늬 없이 그저 갈색의 몸이었지요.

산에 오른 동물들 머리 위로 수많은 별들이 어둠 속에서 반짝였어요.
"별이 참 눈부시다."
"진짜 아름다운 빛이네."
동물들은 환성을 올렸어요.
그때, 숲에서 가장 크고 힘이 센 곰이 가장 높은 자리에 올라서서 말했어요.
"낮은 필요 없어. 지금 이대로도 좋아. 난 햇빛이 있는 낮은 반대다."
곰을 두려워했던 다른 동물들은 그 말이 옳다며 곰의 말에 찬성했어요.
그런데 단 한 마리, 그것도 가장 몸이 작고 힘이 약한 다람쥐가 말했어요.
"어둠만 있는 건 싫어요. 낮도 밤도 다 있는 건 어때요?"
다람쥐는 빛이 왜 필요한지를 설명하며 동물들을 설득했답니다.
"어둠만 있어도 돼!"
"반드시 빛이 필요해!"
곰과 다람쥐의 말다툼은 오래오래 이어졌어요. 그러자 어둠 속에 숨어 있던 해가 건너편에서 천천히 떠오르기 시작했어요. 그와 함께 세상도 환해지기 시작했지요.

동물들은 처음 보는 빛에 놀랐지만, 곧 밝은 세상을 보고 기뻐하며 춤을 추었어요. 그러자 곰이 크게 화를 내며 그만하라고 소리쳤어요.

하지만 다람쥐는 밝은 빛이 좋아 계속 노래하고 춤추었지요.

"이놈아, 잘난 척하지 마."

화가 난 곰이 다람쥐를 잡으려고 했지만 다람쥐는 빠르게 도망갔어요. 그런데 곰의 날카로운 손톱이 다람쥐의 등을 할퀴었어요.

그때부터 세상에는 낮과 밤이 생겼고, 곰이 남긴 상처가 흉터로 남아 다람쥐는 지금과 같은 줄무늬를 가지게 되었다고 해요.

재미있는 이야기지요? 하지만 다람쥐 등에 있는 줄무늬는 곰 때문에 생긴 것이 아니에요. 줄무늬 덕분에 다람쥐는 숲속을 달릴 때도 그 모습이 잘 보이지 않아요. 몸이 갈색인 데다 줄무늬까지 있으니 나뭇가지나 잎과 구별하기가 힘들지요. 그래서 다람쥐를 잡아먹는 적들의 눈에 잘 띄지 않는답니다.

그런데 아메리칸인디언의 것과 아주 비슷한 옛이야기가 러시아에도 있다고 해요. 러시아의 동물문학 작가 비타리 바렌티노비치 비앙키(Vitalii Valentinovich Bianki, 1894-1959)는 미국의 어니스트 시튼(Ernest Evan Thompson Seton, 1860-1946)처럼 동물에 대한 다양한 이야기를 책으로 남겼는데, 아쉽게도 한국에는 잘 소개되지 않았어요.

비앙키가 모은 이야기 가운데에는 러시아에 사는 소수민족의 이야기가 있는데, 이 또한 다람쥐의 줄무늬에 대한 것이랍니다. 어떤 이야기인지 살펴볼까요?

옛날, 다람쥐는 줄무늬가 없이 그저 갈색의 몸이었어요. 다람쥐는 이 세상에 무서운 것이 없어서 상대가 누구든 관계없이 당당하게 맞섰답니다.
어느 날, 다람쥐는 누가 먼저 해를 발견하는가를 놓고 곰과 내기를 했어요.
다람쥐와 곰은 등을 맞대고 앉았어요. 곰의 눈앞에는 골짜기가 펼쳐져 있었고, 다람쥐의 앞으로는 높은 산이 우뚝 솟아 있었지요. 곰은 조용히 혼잣말을 했어요.

"헤헤, 다람쥐는 바보야. 저렇게 높은 산이 있으면 아침이 되어도 해는 보이지 않을 거야."

다람쥐와 곰은 뜬눈으로 밤을 지새웠어요. 그런데 산을 바라보던 다람쥐가 먼저 소리쳤어요.

"보인다, 보인다! 내가 먼저 해를 찾았다!"

곰이 놀라서 뒤돌아보니 높은 산이 황금색으로 물들고 있었어요. 하지만 자기 눈앞의 골짜기는 여전히 어두컴컴했지요.

다람쥐가 덩실거리며 기뻐하는 모습을 보자 곰은 억울함을 견디지 못했어요.

"이놈아, 우쭐하지 마."

곰은 손을 뻗어 다람쥐를 잡으려 했지만 다람쥐는 재빠르게 도망쳤어요. 그때 곰의 날카로운 손톱이 다람쥐의 등을 할퀴었어요.

둥지로 돌아온 다람쥐는 상처를 계속 핥았어요. 그런데 아무리 해도 상처는 낫지 않았고, 결국 줄무늬처럼 흉터가 남았어요.

그 일로 등에 줄무늬가 생긴 다람쥐는 겁도 많아져, 누군가 보이기만 해도 나무 위로 올라가거나 구멍 속으로 도망가게 되었답니다.

어떤가요? 두 이야기가 많이 비슷하지요? 특히 '곰이 할퀸 상처가 다람쥐 등에 흉터로 남았다'는 마지막 부분은 똑같아요.

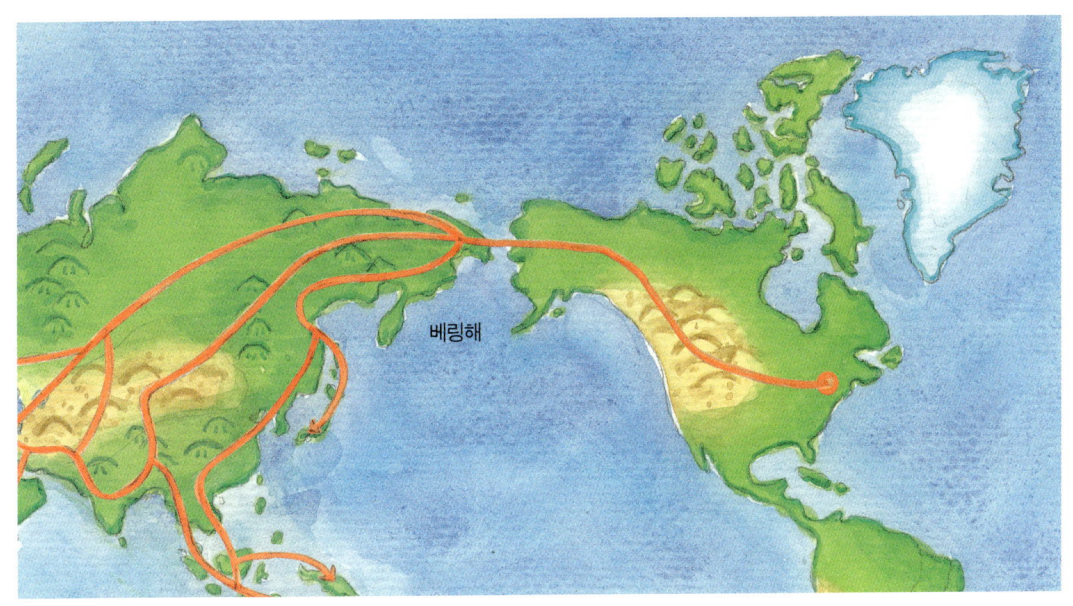

인류의 이동 경로

　북미 대륙과 유라시아 대륙은 멀리 떨어진 데다, 태평양을 사이에 두고 있는데 어떻게 이렇게 비슷한 이야기가 남았을까요? 수수께끼를 푸는 열쇠는 아득한 과거에 있답니다.

　과학자들은 지금으로부터 3만 년 전쯤, 유라시아 대륙에 살던 아메리칸인디언의 조상들이 베링 해를 건너 아무도 살지 않던 아메리카 대륙으로 왔다고 추측해요. 빙하기에는 바닷물의 높이가 지금보다 훨씬 낮아서 걸어서도

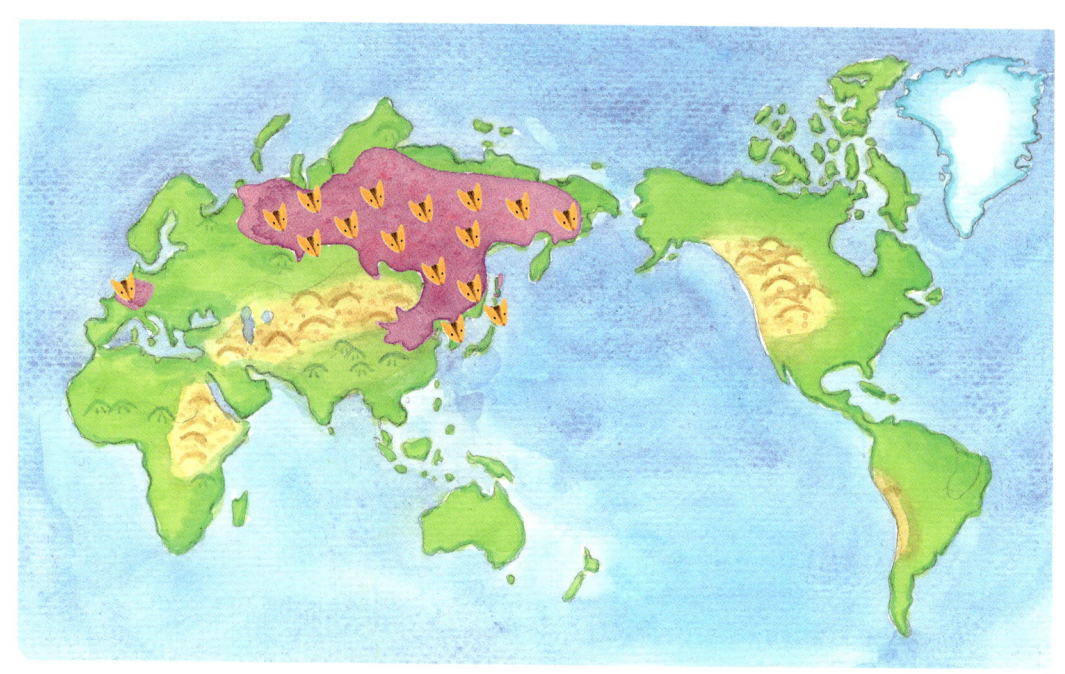

시베리아 다람쥐 세계 분포도

건널 수 있었던 거예요.

다람쥐 줄무늬에 관한 비슷한 이야기가 몽골에도 있어요. 그러니까 러시아의 이야기도 몽골의 이야기도 모두 아메리칸인디언의 조상들이 아메리카 대륙으로 건너가기 전에 만들어진 것이라 생각할 수 있겠지요?

따라서 25종이나 되는 다람쥐 가운데 유라시아 대륙에서만 사는 다람쥐, 즉 시베리아 다람쥐가 '진짜 주인공'인 거예요.

시베리아 다람쥐는 러시아의 시베리아 일대와 사할린, 몽골의 북부, 중국의 북부와 중부, 일본의 홋카이도, 그리고 한반도에서만 살아요. 그러니 지금까지 살펴본 옛이야기는 한국 다람쥐의 이야기라고 해도 괜찮은 것 아닐까요?

2) 다람쥐는 쥐가 아니야

다람쥐가 영어로 '칩뭉크'라고 했지요? 이것은 아마도 다람쥐의 울음소리에서 따온 말인 것 같아요. 그러면 우리말의 '다람쥐'는 어떻게 해서 생겼을까요? 아마 대부분 '다람'과 '쥐'를 합한 것이라 생각할 것 같아요.

자료를 보면 '다람쥐'는 'ᄃᆞ람쥐'란 형태로 18세기의 기록물에 처음 나타났고, '다람쥐'라는 말은 19세기 말부터 쓰이기 시작했다고 해요. 'ᄃᆞ람'은 '달리기'란 뜻이니, '다람쥐'는 '달리기 쥐' 즉, '달리는 쥐'라는 뜻입니다.

그런데 사실 다람쥐는 쥐가 아니에요. 다람'쥐'인데 쥐가 아니라니 무슨 뜻일까요? 그 이야기를 하기 위해서는 먼저 포유류 분류에 대해서 살펴봐야 해요.

지금 세상에서 가장 번성하고 있는 생물은 포유류예요. 포유류에 속하는 동물은 약 4500종種이라고 해요.

동물들은 몸의 특징에 따라서 21개의 '목目'으로 나뉘어요. 다람쥐는 그 가운데 '설치목'에 속하지요. 최근에는 어려운 한자말을 쉬운 우리말로 쓰자는 움직임이 있어, 설치목을 '쥐목'이라고 말하기도 해요.

목 아래에는 '과科'라는 무리가 있어요. 설치목은 29개의 과로 나뉘는데, 다람쥐는 '청설모과'에 속해요.

과 아래에는 '속屬'이 있어 청설모과는 다시 49속으로 나뉘어요. 그 가운데 다람쥐는 '다람쥐속'에 속해요.

마지막으로 가장 아래 단위인 '종種'이 있어요. 다람쥐속에는 25개의 종이 있는데, 한국 다람쥐는 '시베리아 다람쥐'라는 종이랍니다.

한국 다람쥐 = 설치목(目) 청설모과(科) 다람쥐속(屬) 시베리아 다람쥐종(種)

21개의 목 가운데 그 수가 가장 많은 것은 다람쥐가 속한 설치목이에요. 설치목은 포유류 가운데서도 가장 번성한 무리이며, 약 1800종에 달하는 동물이 속해 있어요.

이들은 열대 지방에서 극지방, 해안 지역에서 고산 지대, 열대 우림에서 사막, 남극 대륙을 뺀 지구 어디에서나 살고 있지요. 물속에서 사는 비버, 땅속에 둥지를 트는 벌거숭이쥐, 나무에서 나무로 날아다니며 생활하는 하늘다람쥐 등 사는 곳도 다양해요.

설치목 동물의 특징은 무엇보다도 끌처럼 생긴 앞니예요. 위아래에 두 개씩 나는 큼직한 앞니는 죽을 때까지 자라요. 일정한 나이가 되면 이가 성장을 멈추는 사람이나 개, 고양이 들과는 좀 다르지요.

앞에서 다람쥐는 쥐가 아니라고 했지요? 이제부터 그 까닭을 말해 줄게요.

설치목 동물들은 생김새가 많이 닮아서 나누기가 쉽지 않았어요. 그래서 사람들은 '먹이를 씹을 때 근육이 어떻게 움직이는가?'에 따라 세 무리로 나누었어요.

그리고 쥐, 청설모, 산미치광이를 대표 동물로 하여 '쥐 아목'(약 1200종), '청설모 아목'(약 360종), '산미치광이 아목'(약 200종)이라 부르기로 했어요. '아목亞目'이란 '목目'보다는 작고 '과科'보다는 큰 무리를 뜻하는 말이에요.

최근 연구에 의하면 설치목의 선조는 약 6000~5600만 년 전, 북아메리카와 유럽, 아시아에 살던 '파라미스'라는 동물이라고 해요. 파라미스는 몸 크기가 대략 60센티미터로 비교적 큰 동물이었어요. 설치목 동물들은 진화를 거치며 점차 작아진 것이라 할 수 있지요.

설치목의 세 아목 가운데 청설모 아목은 다른 아목에 견주어 턱에 붙은 근육이 빈약해요. 그런데 파라미스의 근육이 이와 비슷했다고 하네요. 따라서 세 아목 가운데서도 가장 원시적인 것, 즉 가장 먼저 이 세상에 나타난 것은 청설모 아목의 동물이라 할 수 있어요.

겉모습만 보면 쥐가 다람쥐보다 더 먼저 나타났을 것 같지만, 사실은 다람쥐가 더 오래전부터 살았던 거예요.

'쥐의 조상'이 나타났을 때쯤, '다람쥐의 조상'은 먼저 세상에 자리를 잡아 살고 있었으니, 다람쥐가 쥐보다 어른이라고 할 수 있지요. 그래서 나는 다람쥐를 '달리는 쥐'라고 이름 붙인 조상님을 만난다면, 다람쥐가 쥐보다 먼저 세상에 나타났다는 사실을 꼭 알려 주고 싶어요. 다람쥐는 쥐가 아니라는 말이 이해가 되었나요?

비버

- **길이** — 몸 길이 약 12~16센티미터, 꼬리 길이 약 10~12센티미터
- **무게** — 약 70~110그램

털 전체적으로는 갈색이고, 등에는 검은색 줄무늬가 있다. 보온과 방수가 된다.

꼬리 긴 털에 싸여 있는 꼬리는 나무에 오르내릴 때 몸의 균형을 잡는 데 큰 역할을 한다. 또 잠잘 때는 이불처럼 온몸을 감싸 체온이 내려가지 않게 한다.

발 앞발의 발가락이 네 개, 뒷발은 다섯 개. 앞발의 엄지발가락은 흔적만 남았으나 쓰는 데 불편함은 없다. 발톱은 날카로운 갈고리 모양으로 나무를 오르내리는 데 유용하고 땅을 파기에도 알맞다.

2. 다람쥐의 생활

1) 나무 위도 땅속도 모두 내 집이야

혼자서 살며, 새끼도 암컷 혼자 키우는 다람쥐는 어떤 동물일까요?

홀로 사는 다람쥐들은 비교적 넓은 범위에서 생활해요. 연구 결과에 따르면, 홋카이도의 일본 다람쥐는 수컷과 암컷이 각각 직경 90미터와 70미터 정도되는 범위에서 생활한다고 해요. 때때로 먹이가 부족한 시기에는 300미터 이상 이동했다고도 하는데, 다른 나라의 연구 결과에는 700미터를 이동했다는 기록도 있어요. 한국 다람쥐는 일본 다람쥐보다 넓은 범위에서 생활하는 것 같다고 연구자들은 보고 있어요.

넓은 범위를 자유로이 드나든다면 싸움이 일어날 법도 한데, 그렇지는 않나 봐요. 다람쥐들은 세력권에 대해 관심이 없는 것 같아요. 서로 마주쳐도 가볍게 주의를 주고 몰아낼 뿐, 싸우지 않는 경우가 많다고 해요. 덩치는 작지만 참 대단하지요? 드넓은 자연을 누비며 욕심 없이 사는 데서 오는 여유인지도 몰라요.

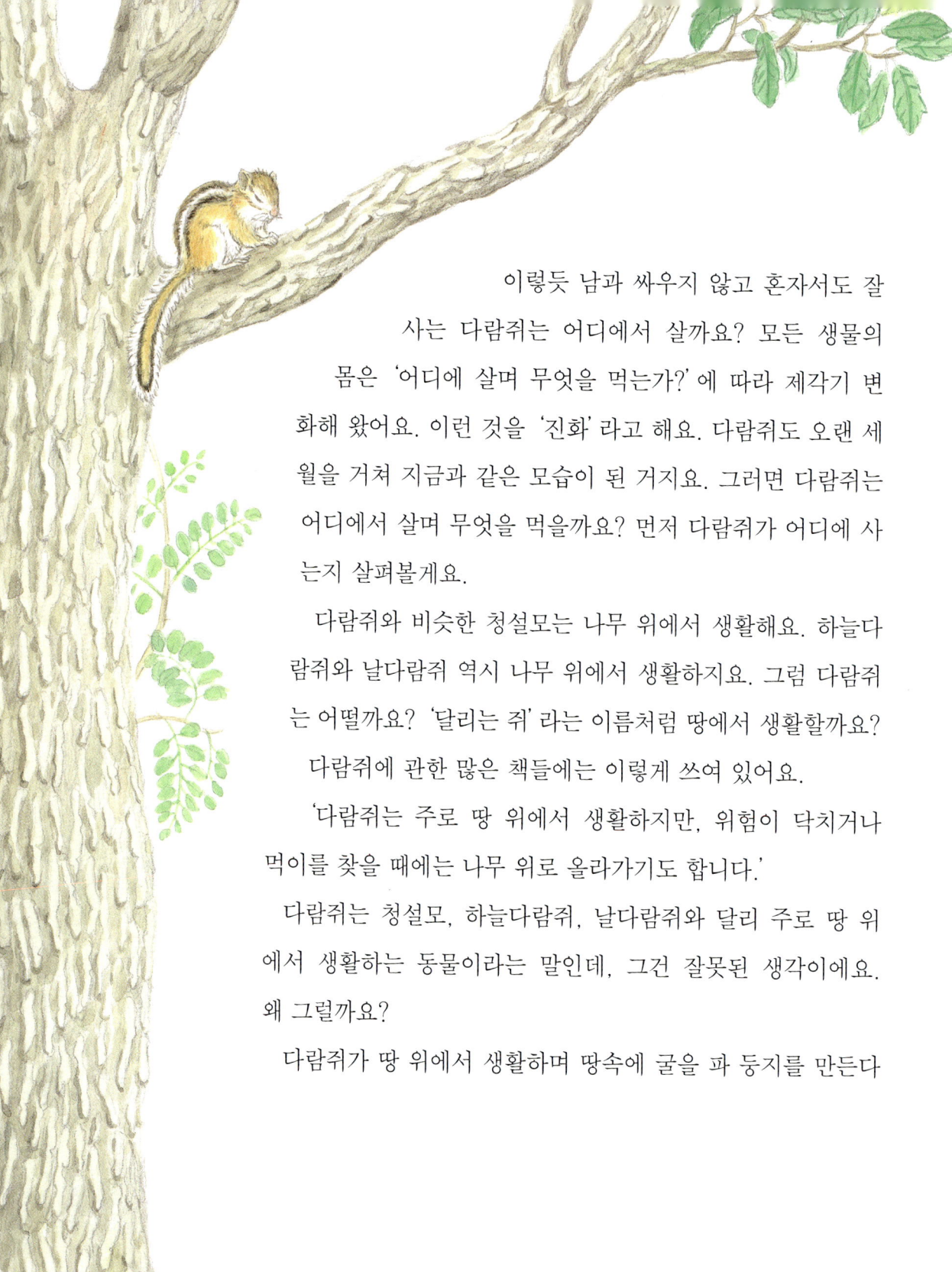

이렇듯 남과 싸우지 않고 혼자서도 잘 사는 다람쥐는 어디에서 살까요? 모든 생물의 몸은 '어디에 살며 무엇을 먹는가?'에 따라 제각기 변화해 왔어요. 이런 것을 '진화'라고 해요. 다람쥐도 오랜 세월을 거쳐 지금과 같은 모습이 된 거지요. 그러면 다람쥐는 어디에서 살며 무엇을 먹을까요? 먼저 다람쥐가 어디에 사는지 살펴볼게요.

다람쥐와 비슷한 청설모는 나무 위에서 생활해요. 하늘다람쥐와 날다람쥐 역시 나무 위에서 생활하지요. 그럼 다람쥐는 어떨까요? '달리는 쥐'라는 이름처럼 땅에서 생활할까요?

다람쥐에 관한 많은 책들에는 이렇게 쓰여 있어요.

'다람쥐는 주로 땅 위에서 생활하지만, 위험이 닥치거나 먹이를 찾을 때에는 나무 위로 올라가기도 합니다.'

다람쥐는 청설모, 하늘다람쥐, 날다람쥐와 달리 주로 땅 위에서 생활하는 동물이라는 말인데, 그건 잘못된 생각이에요. 왜 그럴까요?

다람쥐가 땅 위에서 생활하며 땅속에 굴을 파 둥지를 만든다는 것은 잘 알려진 사실이에요. 그런데 최근 잘 알려지지 않았던 행동이 보고되고 있어요.

예를 들어 한국의 남부 지역에 사는 다람쥐는 무더운 여름이면 서늘한 나무 위에서 낮잠을 자거나 때로는 하룻밤을 지새우기도 한다고 해요. 또한 딱따구리 등이 나무에 뚫은 구멍을 둥지로 쓴다는 사실도 밝혀졌어요. 위험이 닥치지 않아도 적극적으로 나무 위에 올라가 생활한다는 것이지요. 다람쥐는 굴, 그러니까 땅속둥지에서만 잔다는 '상식'이 무너졌다는 뜻이에요.

다람쥐는 땅이나 나무 위나 가리지 않고 생활하는 동물이에요. 어쩌면 나무 위인지 땅 위인지 어느 쪽이든 먼저 나누려고 하는 것 자체가 좋지 않은 생각일지 몰라요. 우리는 아직도 자연에 대해 알지 못하는 것이 훨씬 더 많으니, 겸손한 마음으로 관찰하고 공부해야 하지 않을까요?

다람쥐의 땅속둥지

다람쥐가 땅속에 둥지를 만든다는 것은 잘 알려진 사실이에요. 그런데 다람쥐의 땅속둥지는 어떤 모습일까요? 한 다람쥐 연구자가 관찰한 둥지는 다음과 같아요.

입구는 지름 5센티미터 정도인데, 깊이 들어갈수록 점차 넓어져 약 8센티미터가 되었어요. 두 갈래 갈림길의 한 쪽은 약 9센티미터의 폭이었으나

막다른 길이었고, 다른 길은 럭비공 같은 타원형의 방으로 이어졌어요. 지상에서 약 1.7미터 아래에 있는 이 넓은 방에는, 잠자리로 쓰는 가랑잎과 함께 먹이가 저장되어 있었어요. 침실이자 먹이 창고인 거예요. 그리고 다람쥐의 둥지에는 화장실도 따로 있답니다.

다람쥐는 새끼를 키울 때도 땅속둥지에서 생활해요. 그런데 그 둥지는 하나가 아니랍니다. 다람쥐는 땅속 여기저기에 둥지를 파고 자주 옮겨 다녀요. 그 이유는 천적을 피하기 위해서예요.

뱀은 다람쥐를 잡아먹는 천적 가운데 하나예요. 몸이 가늘어 땅속둥지에도 들어갈 수 있어요. 만약 다람쥐가 자고 있을 때 뱀이 들어온다면 그 자리에서 먹힐 수밖에 없겠지요? 천적에게 둥지를 들키지 않아야 안심하고 잘 수 있고, 새끼도 키울 수 있을 테니 다람쥐는 좀 힘들더라도 자주 이사를 다니는 거예요.

또 다람쥐는 땅속둥지를 들키지 않기 위해 위험에 빠져도 절대 둥지로는 도망가지 않아요. 볼주머니가 가득 차도록 먹이를 모아도 바로 돌아가지 않고, 여기저기로 달리며 천적에게 들키지 않도록 행동한 끝에 둥지에 들어가지요. 그러니 친구들이 다람쥐를 보았다 해도, 그 다람쥐의 땅속둥지는 거기서 멀리 있는 경우가 더 많을 거예요.

그러면 다람쥐는 어떻게 땅속에 둥지를 만들까요? 아마도 날카로운 갈고랑이 모양의 발톱으로 땅을 팔 것 같은데, 그때 나온 흙은 어떻게 할까요?

그 흙이 둥지 주변에 쌓여 천적에게 들키지는 않을까요?

한국 다람쥐의 둥지에 대한 수수께끼는 약 30년 전에 풀렸어요. 그런데 비록 다른 종의 다람쥐이기는 하지만, 약 100년 전인 1910년대에 다람쥐가 어떻게 땅속에 둥지를 만드는지를 알아낸 사람이 있어요. 바로 《동물기》로 유명한 미국의 동물문학 작가 시튼이에요.

시튼은 《동물기》로 큰 주목을 받았지만, 그 이야기들이 만들어 낸 거짓말이 아니냐는 비난도 받았어요. 시튼은 자신의 이야기는 모두 사실이라는 것을 증명하고자 1926년에 《동물지動物誌》(원제:사냥 동물의 생활)를 출간했어요. 《동물기》만이 아니라 《동물지》란 작품이 또 있는 거예요.

동물의 행동을 과학적으로 설명하고 자세히 해설한 《동물지》는, 약 80년이 지난 지금도 동물학자들에게 큰 도움이 되고 있어요. 아쉽게도 한국에는

아직 소개되지 않은 《동물지》 내용 가운데, 미국의 동부다람쥐가 땅속둥지를 만드는 법을 설명한 부분을 소개할게요.

    동부다람쥐는 다른 동물과 마찬가지로 '바로 여기다!' 싶은 곳 가까이에 둥지를 만든다. 앞발로 부드러운 흙을 긁어내고 뒷발로 밀어가며 굴을 파는 것이다. 볼주머니로는 흙을 나르지 않는다. 볼주머니는 먹이를 나르는 데만 쓰인다.
    다람쥐는 입구에서 이어지는 굴이 충분한 크기가 될 때까지 땅을 파는데, 이때 입구에는 흙이 높이 쌓이게 된다. 그 다음에는 굴 내부에서 땅 파기를 시작해, 입구에서 몇 미터나 떨어진 곳에 새로운 출입구를 만든다. 새로운 출입구는 작은 구멍으로 둘레에 흙도 쌓이지 않아 주위에 난

풀로도 충분히 감출 수 있다. 땅 파기가 모두 끝나면, 처음의 출입구를 그 주위에 쌓인 흙으로 메운다. 그러면 친절한 자연의 힘으로 흙이 정리되고 풀이 그 위를 덮는다. 이렇게 해서 흙이 쌓이지 않은 출입구와 굴이 만들어진다.

간혹 한국 다람쥐에 대해 소개한 책 가운데 '다람쥐는 굴을 파면서 나온 흙을 볼주머니를 이용해 멀리 내다 버린다'고 설명하는 경우가 있어요. 이것은 잘못된 것입니다.

2) 내가 도토리만 먹는다고?

다람쥐의 이빨은 평생 동안 자란다고 앞에서 말했지요? 그래서 다람쥐는 이빨을 닳게 하려고 껍질이 단단한 열매나 씨를 갉아 먹어요. 다람쥐가 즐겨 먹는 것은 도토리예요. 하지만 도토리만 먹지는 않아요. 도토리를 비롯해 밤, 잣 같은 열매는 가을에만 구할 수 있지요. 그래서 다람쥐의 먹이는 계절마다 달라져요.

나무 열매가 나지 않는 봄에는 지난 해에 떨어진 열매와 땅속에 묻어 둔 것을 열심히 찾아 먹어요. 그 밖에 새싹, 꽃봉오리, 꽃가루 등도 먹는답니다.

여름에는 동물성 먹이를 자주 먹어요. 나방의 유충과 성충, 개미의 번데기 뿐만 아니라 매미, 사슴벌레, 대벌레 등 곤충도 잘 먹지요. 때로는 새알이나 어린 새까지 먹기도 해요. 가을이 오면 여러 가지 열매를 먹는데, 특히 도토리를 많이 먹어요. 영양가도 높고 저장하기도 좋은 도토리는 아주 중요한 먹을거리예요.

하지만 다람쥐는 잘 익은 도토리만 먹어요. 도토리를 발견하면 킁킁 냄새를 맡거나 조금 베어 먹고는, 익지 않았다면 더는 먹지 않지요. 만약 잘 익은 도토리라면 땅에 떨어지기를 기다리지 못하고 나무에 올라가, 직접 따서 볼주머니에 넣어요. 그러고는 천적이 없는지 확인한 다음 둥지로 가져가거나 나무 위, 그루터기, 바위 등에 앉아 먹기도 해요. 이렇듯 다람쥐는 도토리만이 아니라 곤충과 새의 새끼까지 먹는 잡식성 동물이에요.

🌰 둥지에 모아 놓고 땅에 묻어 두고

겨울이 오기 전 다람쥐는 땅속둥지에 도토리를 모으기 시작해요. 겨울잠 준비 기간은 계절에 따라 다른데, 한 연구에 의하면 이 시기에 다람쥐 한 마리가 도토리를 모으기 위해 하루 동안 오간 횟수는 37번, 가져온 도토리는 약 150개에

달한다고 해요. 겨울잠에 들어간 다람쥐에게는 매우 미안한 일이지만, 겨울잠 자는 다람쥐의 땅속둥지 9개를 파서 조사한 결과 보통 700개에서 많게는 2000개의 도토리가 있었다고 해요.

이렇게 도토리를 땅속둥지에 모으는 것을 '둥지 내 저장'이라고 해요 그런데 가끔 자기 둥지가 아닌 곳에 멋대로 들어가 남이 모은 도토리를 가져가는 '도둑 다람쥐'가 있대요. 어느 세계에나 못된 녀석은 있는 것 같아요.

하지만 다람쥐가 모든 도토리를 땅속둥지에 모아 두는 것은 아니에요. 볼주머니가 빵빵해지도록 도토리를 입에 넣은 다람쥐는 때때로, 2센티미터 정

도로 얕게 땅을 판 다음 도토리를 묻어요. 규칙이 있는 게 아니라 생각난 대로 여기저기에 묻는 거예요. 이런 행동을 '분산 저장'이라고 해요.

'분산 저장'을 할 때는 파기 전의 모습과 다르지 않도록, 흙뿐만 아니라 가랑잎까지 친절하게 덮는다고 해요. 그래서 우습게도 다람쥐는 자신이 어디에 도토리를 묻었는지 잊어버리곤 한답니다.

'모처럼 숨겼는데 발견하지 못하다니, 다람쥐는 바보야.'

이렇게 생각하는 친구도 있겠지요? 하지만 다람쥐는 결코 바보가 아니에요. 찾지 못한 도토리가 이듬해 봄이면 아주 귀중한 먹이가 되기 때문이요. 다람쥐는 땅에 묻힌 도토리도 찾을 수 있을 만큼 후각이 발달했다고 앞에서 말했지요? 겨울이 가고 봄이 올 때쯤이면, 모아 둔 도토리는 거의 떨어지고 먹이를 찾기도 쉽지 않아요. 어쩌면 다람쥐에게 있어 이때는 겨울보다 더 견디기 힘든 시간인지도 몰라요.

바로 그때, 땅에 묻고 잊어버린 도토리는 귀한 먹이가 돼요. 한 연구에 의하면, 다람쥐가 봄에 땅속둥지 밖에서 먹은 먹이의 약 60퍼센트가 그 전해 가을에 묻어 둔 도토리였다고 해요.

물론 자기가 숨긴 곳을 잊어버려서 다른 다람쥐의 도토리를 먹는 경우가 많아요. 그래도 숲에 사는 다람쥐 모두 서로가 묻어 둔 도토리를 먹는 것이니, 다람쥐는 함께 힘을 모아 힘든 시기를 이겨 낸다고 할 수 있어요. 정말 지혜로운 동물이지요?

3) 겨울잠 자는 동안에도 나는 자주 일어나

전 세계 25종의 다람쥐 가운데 겨울잠을 자는 다람쥐는 10종으로 알려졌어요. 한국 다람쥐, 즉 시베리아 다람쥐는 겨울잠을 자요. 그런데 다람쥐의 겨울잠은 다른 포유동물과는 좀 달라요. 어떻게 다른지 이야기하기에 앞서 다른 동물들의 겨울잠을 먼저 살펴볼게요.

먼저 겨울잠쥐를 볼까요? '살아 있는 화석'이라 불리는 겨울잠쥐는, 현재 아시아에서는 중국과 일본에만 살고 있어요. 일본에 사는 겨울잠쥐는 이름에 걸맞게 약 반년에 걸친 긴 겨울잠을 자요.

　겨울잠에 들면 약 36도이던 체온이 0도 가까이로 내려가고, 호흡수도 1시간에 몇 번 정도로 떨어진답니다. 에너지를 최대한 절약하여, 거의 죽은 것처럼 보이는 상태의 겨울잠이에요. 겨울잠쥐는 겨울잠 자는 도중에 깨는 일이 없으며, 따라서 아무것도 먹지 않아요. 그러니 다람쥐처럼 먹이를 저장하지도 않지요. 대신 겨울잠에 들기 전에 지방이 몸에 쌓이도록 먹이를 많이 먹어, 체중이 두세 배 정도 늘어난답니다.

　다음은 겨울잠 자는 동물로 이름난 곰을 살펴볼게요. 곰의 겨울잠은 '잠'이라기보다는 '틀어박혀 있다'는 표현이 더 정확할 것 같아요. 겨울잠쥐와 마찬가지로 곰도 지방이 쌓이도록 가을에 먹이를 많이 먹어 몸을 불리고, 겨울잠 자는 동안은 아무것도 먹지 않아요.

　체온은 보통 때에 비해서 약 3~4도 정도만 내려가고, 호흡수도 그다지 줄지 않아요. 게다가 암컷 곰은 겨울잠 기간에 새끼를 낳기도 해요. 곰은 겨울잠을 자다가도 무슨 일이 생기면 깨어나니, 잠든 줄 알고 다가가면 큰일 납니다. 이런 이유로 곰이 많이 사는 일본에서는 곰의 겨울잠을 '겨울 틀어박힘'이라 구별해서 부르고 있어요.

　그러면 다람쥐의 겨울잠은 어떨까요? 다람쥐는 겨울잠쥐나 곰과는 또 다른 방식으로 겨울잠을 잔답니다.

　다람쥐는 겨울잠에 들어가도 약 일주일마다 잠에서 깨어나요. 그리고 짧

게는 10시간에서 길게는 이틀까지 깨어 있다가 다시 잠이 들어요. 깨어 있는 동안에는 먹이도 먹고 똥도 누지요.

겨울잠에 든 다람쥐가 약 일주일마다 깨어난다니, 곰과 그다지 다르지 않을 것 같다고요? 그런데 오히려 겨울잠쥐와 비슷한 데가 있어요.

보통 때 다람쥐의 체온은 약 37~38도, 호흡수는 1분에 50~120번이지만, 겨울잠 자는 동안에는 체온은 약 8~10도, 때로는 약 3도까지 내려가고 호흡수도 1분에 3~4번으로 떨어져요. 다람쥐와 겨울잠쥐는 겨울잠 잘 때의 몸 상태는 비슷하지만, 다람쥐는 정기적으로 일어나 다시 겨울잠에 들어간다는 점에서 크게 다르답니다.

그런데 최근 한국 다람쥐 가운데 겨울잠을 자지 않는 다람쥐가 있다는 흥미진진한 현상이 보고되고 있어요. 눈이 쌓인 마당에 다람쥐가 나타났다

며 놀라는 글과 사진이 인터넷에 올라오기도 해요. 혹시 친구들 중에도 한겨울에 활동하는 다람쥐를 본 친구가 있는지 모르겠어요.

혹시 지구온난화 때문에 겨울잠을 못 자는 걸까요? 다행히도 그건 아니에요. 비교적 따뜻한 한국의 남부 지역에 사는 다람쥐 가운데, 겨울잠을 자지 않는 경우가 있다고 이전에도 보고된 적이 있어요. 그러니 겨울잠을 자지 않는 다람쥐는 새로운 현상이 아니라 원래부터 있던 것이라 보면 돼요.

그런데 러시아, 중국, 일본에서는 이런 현상이 나타나지 않는다고 해요. 그것은 아마 지리적인 차이 때문인 것 같아요. 한국은 시베리아 다람쥐가 사는 나라 가운데 가장 남쪽에 위치해 가장 따뜻하답니다. 추운 날이 계속되는 일본 홋카이도나 러시아에 사는 다람쥐들이 추위를 이겨 내기 위해서는 겨울잠을 잘 수밖에 없지요.

한국 북부 지역에 사는 다람쥐가 겨울잠을 자지 않는다는 보고는 아직 없어요. 아마도 남부 지역의 다람쥐들이 겨울잠을 자지 않는 것은 오랜 세월 따뜻한 기후에서 살며 얻은 특성인 것 같아요. 이런 다람쥐는 아무리 추워도 겨울잠을 자지 않는다고 하네요.

겨울잠 자기 겨울잠 깨기

다람쥐는 한국에 사는 청설모과科 동물 가운데 유일하게 겨울잠을 잔답니다. 겨울잠을 자기 위해 특별히 새 둥지를 만들지는 않아요. 이때까지 써 온 여러 땅속둥지 가운데 가장 알맞은 것을 골라 '겨울잠 둥지'로 결정하지요.

적당한 둥지가 결정되면 겨울나기 준비에 몰두해요. 먼저 둥지를 깨끗이 청소하며 오래된 나뭇잎과 배설물을 흙과 함께 내다 버려요. 그 다음 도토리를 포함한 먹이를 집중으로 모으기 시작해요. '잠자리'가 될 새 나뭇잎도 마련하지요. 그리고 화장실을 만들어요. 이 작업까지 마치면 겨울잠에 들어갈 준비가 거의 다 되었다는 뜻이에요.

다람쥐가 땅파기의 명수라는 건 아까 말했지요? 겨울잠에 들어갈 준비를 모두 끝내면 새로운 굴을 파기 시작해요. 이때에는 굴을 파며 나온 흙으로 굴 내부에서 입구를 막는답니다.

한국 다람쥐와 같은 종인 일본 다람쥐를 연구한 결과에 따르면 다람쥐는 겨울잠을 잘 때 곧바로 깊은 잠에 들어가지는 않는다고 해요. 겨울잠에 들어가도 한동안은 체온이 내려가지 않은 상태를 유지하다, 점차 기온이 내려감에 따라 체온도 낮아지면서 본격적으로 겨울잠에 들어간다는 거예요.

그럼 봄이 되어 겨울잠에서 깬 다람쥐는 어떻게 밖으로 나올까요? 입구에서 천적이 입을 열고 기다리고 있을지 모르니 조심조심 다시 새로운 굴을 파야 해요. 굴에서 나오면 적이 없는지 몇 분 동안 꼼꼼히 살펴본 뒤 재빠르게 떠나요.

그래도 역시 이때까지 살던 둥지가 안심이 되는지, 많은 암컷들이 겨울잠을 잔 둥지에서 새끼를 낳아 키워요. 한편 수컷은 나무 구멍이나 다른 다람쥐의 땅속둥지를 사용한답니다.

4) 부지런한 수컷이 암컷을 만날 수 있어

다람쥐의 번식은 겨울잠과 밀접한 관계가 있어요. 재미있게도 다람쥐는 겨울잠에 들어가는 순서가 있어요.

가장 먼저 겨울잠에 드는 것은 어른 암컷이에요. 그 다음은 어른 수컷과 어린 암컷이 거의 동시에 들어가고, 마지막은 어린 수컷 차지예요.

어린 다람쥐들이 어른 다람쥐들보다 늦게 겨울잠에 들어가는 것은 왜일까요? 바로 도토리 때문이에요. 다람쥐는 생활공간을 두고 싸움을 벌이지 않는다고 했어요. 그렇지만 어린 다람쥐보다는 어른 다람쥐들이 먹이를 찾아 모으는 데 더 유리하겠지요? 그러니 어른 다람쥐들이 먼저 겨울잠에 들어간 뒤에야 어린 다람쥐들도 준비를 끝낼 수 있는 거예요.

그러면 어른 다람쥐와 어린 다람쥐나 어째서 암컷이 먼저 겨울잠에 들어

갈까요? 그것에도 이유가 있어요.

봄이 되어 겨울잠에서 깨어나면 다람쥐들은 짝짓기를 시작해요. 다람쥐의 임신 기간은 약 30일이고, 새끼가 커서 독립하는 데는 약 60일이 걸려요. 그러니 약 90일, 적어도 석 달이란 시간이 필요하지요. 추운 지방에 사는 다람쥐들은 활동할 수 있는 기간이 짧기 때문에, 짝짓기를 빨리 하지 못하면 번식할 수가 없어요. 그래서 수컷 다람쥐는 겨울잠에 들어간 암컷의 둥지를 확인하기 위해, 암컷보다 늦게 겨울잠에 들어간답니다.

하지만 암컷의 둥지를 확인했어도 암컷보다 늦게 깨어나면 짝짓기 할 기회를 놓칠 수 있어요. 그래서 수컷은 암컷보다 약 20일 정도 먼저 겨울잠에서 깨어나요. 그리고 암컷이 있는 둥지를 찾아다니지요. 냄새를 맡거나 흙을 파서 둥지를 확인하고 암컷이 겨울잠에서 깨길 기다려요. 봄이 되어 겨울잠에서 깬 암컷들은 그 앞에서 기다리고 있던 수컷과 짝짓기를 하는 거예요.

암컷을 기다리는 수컷이 하나가 아닐 때도 있어요. 수컷들은 결혼 상대를 얻기 위해 필사적으로 암컷을 쫓아다니지만, 이때 암컷은 수컷에게 거의 관심이 없어요. 그거야 당연한 일이지요. 배가 고파서 먹이를 찾기 바쁘기 때문이에요.

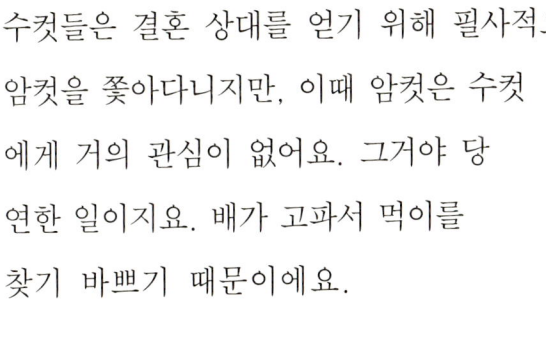

그래도 암컷은 잠에서 깨어 10일 안에는 짝짓기를 해요. 짝짓기를 한 암컷은 약 30일이 지난 뒤에 3마리에서 많게는 7마리의 새끼를 낳아요.

그러면 앞에서 본, 겨울잠을 자지 않는 다람쥐들은 언제 짝짓기를 할까요? 겨울잠을 자지 않는다면 일 년 내내 활동할 수 있겠지요. 그런 다람쥐들은 일 년에 두 번 번식을 해요. 한국 남부 지역에서는 4월과 8월에 새끼를 데리고 다니는 어미 다람쥐가 보이기도 하지요.

어른 다람쥐가 되려면

어미 다람쥐는 새끼 다람쥐가 둥지에서 나와 밖에서 생활할 수 있을 만큼 자라도, 약 한 달 동안은 자기 볼주머니로 먹이를 날라요. 새끼 다람쥐들은 어미에게서 받은 먹이를 도시락처럼 자기 볼주머니에 넣고 밖으로 나오지요. 그 이유는 먹을 수 있는 먹이가 무엇인지 새끼 다람쥐에게 가르치기 위해서랍니다.

이 시기에 어미 다람쥐는 자주 이사를 해요. 다람쥐는 적에게 맞설 무기를 가지고 있지 않아요. 위험을 느끼면 도망가는 것이 가장 큰 무기가 되지요. 나무 구멍, 땅속 구멍 가리지 않고 자주 이사를 해 새끼들이 도망가는 법을 배우게 한답니다.

새끼들이 태어난 지 40일쯤 지나면, 어미는 둥지로 돌아오는 횟수를 점차 줄여 가요. 돌아와도 볼주머니 속 먹이를 새끼에게 주고는 얼른 떠나 버려요. 밤에도 돌아오지 않는 날이 점점 많아져요. 어미의 사랑이 사라진 건가요? 아니에요. 오히려 사랑이 크기 때문에, 새끼들이 혼자서도 살아갈 수 있도록 훈련을 시키는 거예요.

새끼들이 태어난 지 60일쯤 되면 이제 어미는 둥지로 돌아오지 않아요. 그래도 새끼들은 괜찮아요. 혼자서 살아갈 준비가 되어 있으니까요. 섭섭한 것은 이때까지 함께 살아온 형제들이 하나둘 떠나는 거예요. 진짜로 혼자가 되었다는 건, 다 자라 어른이 되었다는 뜻이에요. 가을에 도토리를 모으고 겨울을 난 뒤, 봄에는 좋은 짝을 만나 결혼해 이제 부모 다람쥐가 되는 것이죠.

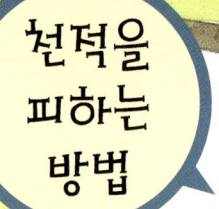

천적을 피하는 방법

다람쥐의 천적에는 족제비, 담비, 삵, 너구리, 오소리 등의 포유류와 황조롱이, 붉은배새매 등의 매, 부엉이, 올빼미 등의 맹금류 등이 있고 마지막으로 잊어서는 안 될 뱀이 있어요. 천적에게 대항할 무기가 없는 다람쥐는 이들을 만나면 빠르게 달리거나 나무 위로 도망치는 수밖에 없어요.

그런데 20년 전 한국의 군사분계선 일대를 방문한 일본의 한 동물학자가 아주 놀라운 광경을 보았다고 해요. 그에 따르면, 다람쥐는 죽은 뱀이나 움직임이 활발하지 않은 뱀을 만나면, 뱀의 머리나 꼬리의 피부를 갉고는 잘 씹어서 온몸에 바른다고 해요. 그러면 다람쥐 몸에서 뱀의 냄새가 나겠지요? 이렇게 냄새로 위장하면 뱀들은 다람쥐가 자신과 같은 뱀이라 생각해 공격하지 않는다고 해요.

이 동물학자가 본 것처럼 다람쥐는 천적인 뱀을 만나도 무조건 도망치지는 않아요. 뱀을 만난 다람쥐는 털을 곤두세우고 꼬리를 흔들며, 땅을 세차게 구르거나 위협하는 소리를 내며 경계를 해요. 만약 뱀이 죽어 가거나 병들어 움직임이 약하면, 조금씩 다가가 머리나 꼬리 등을 갉기 시작해요. 그러고는 잘 씹어 털을 다듬듯 온몸에 바르는 거예요.

눈이 좋지 않은 뱀은 냄새로 먹이를 찾아요. 뱀의 입속에는 사람의 코에 해당하는 기관이 있어요. 뱀이 긴 혀를 날름거리는 이유도 혀로 냄새를 모으기 위해서랍니다. 그러니 뱀의 냄새가 나는 다람쥐를 뱀이라 생각하겠지요. 뱀은 보통 자신과 같은 뱀을 공격하지 않으니, 이렇게 하면 다람쥐는 무사히 도망칠 수 있어요.

다람쥐는 뱀의 허물이나 오줌을 이용한다고도 해요. 태어난 지 한 달이 되어, 가까스로 둥지에서 나온 어린 다람쥐도 이런 행동을 보인다고 하네요. 냄새를 이용해 천적에게서 도망치는 다람쥐, 참 똑똑하지요?

3. 한국 다람쥐의 친척들

1) 청설모는 억울해

창경궁에 처음으로 갔을 때, 청설모를 보았어요. 일본에서는 홋카이도에 가야만 볼 수 있는 '에조 청설모'와 같은 종이었지요. 놀라고 감동해 사진을 찍으려고 청설모를 따라다녔는데, 다른 사람들은 그런 나를 의아한 눈으로 바라보았답니다. 마치 '사람에게 피해를 주는, 그것도 외국에서 온 동물을 왜 찍는 거야?'라고 말하는 것 같은 눈길을 지금도 기억해요.

원래 한국에는 살지 않던 황소개구리가 크게 번식하여 생태계를 혼란시킨 다는 이야기 들은 적 있나요? 이처럼 외국에서 온 동물을 '외래 동물'이라고 해요. 외래 동물은 본래 이 땅에 사는 생물들의 먹이사슬에 혼란을 주어 문제가 되고 있어요.

그런데 청설모는 외래 동물이 아니에요. 어째서 외래 동물로 오해를 받게 되었는지 정확히는 몰라요. 청설모는 오래전부터 한국에서 살아왔음에도 외래 동물로 잘못 알려졌고, 지금은 사람에게 피해를 준다며 퇴치의 대상이 되었어요.

한국의 동물 분류법에서는 '청설모과'대신 '다람쥐과'라고 하는 경우가 많아요. 그리고 때로는 청설모를 다람쥐라고 잘못 쓰기도 하지요.

영어로 다람쥐는 'chipmunk'이고, 청설모는 'squirrel'이에요. 그런데 우리는 다람쥐와 청설모를 혼동해 왔어요. '들다람쥐'로 불리는 'ground squirrel'을 우리말로 옮긴다면 '들청설모'가 될 테고, '하늘다람쥐'는 영어로 'flying squirrel'이니 '하늘청설모'가 되겠지요.

영국의 그림책 작가, '브라이언 와일드스미스'의 책 가운데 《다람쥐》라는 제목으로 한국에 소개된 것이 있어요. 그런데 이 책에 그려진 동물은 줄무늬가 없어요. 이 동물은 다람쥐가 아니라 청설모로, 정확히 말하면 유럽에 사는 청설모의 한 아종인 '붉은청설모 red squirrel'랍니다.

1장에서 말한 것처럼 한국에 흔한 다람쥐가 유럽에는 살지 않아요. 반면 청설모는 세계 여기저기에 흩어져 살고 있지요. 그래서 세계적으로는 청설모를 기본으로 분류하는 경우가 많아요.

그렇다고 한국의 분류법을 고칠 필요는 없어요. 나는 날다람쥐, 하늘다람쥐, 들다람쥐 등 '다람쥐'를 기준으로 하는 이름 짓기를 지지해요. 다만, 다른 나라와 기준이 다르다는 것만은 기억해야 한다고 생각해요.

그래서 이 책에서는 '다람쥐과科' 대신 '청설모과科'라고 썼답니다.

청설모

청설모의 원래 이름은 '청서靑鼠'예요. 그런데 어쩌다 '청설모'가 되었을까요? 청설모의 꼬리털은 아주 부드러워서 붓을 만드는 데 많이 쓰였어요. 이 털을 '청서의 모毛'라고 불렀는데, 시간이 흐르면서 발음하기 쉬운 '청설모'로 변했다고 해요. 학자들은 그에 따라 '청서'란 이름도 '청설모'로 변한 것이 아닐까 추측한답니다. 재미있는 유래지요?

알고 보면, 다른 점이 더 많은 다람쥐와 청설모

다람쥐와 청설모는 생김새가 크게 달라요. 예를 들면, 몸 크기가 다르고 청설모에게는 다람쥐와 같은 줄무늬가 없어요. 다리의 발톱도 청설모가 훨씬 날카롭고 크지요.

자세히 살펴보면 살아가는 법도 달라요. 무엇보다 겨울을 나는 법이 다르답니다. 한국 다람쥐 가운데 겨울잠을 자지 않는 다람쥐도 있기는 하지만, 기본적으로 다람쥐는 겨울잠을 자는 동물이에요. 하지만 청설모는 겨울잠을 전혀 자지 않아요. 한겨울에도 열심히 먹이를 찾아다니지요.

사는 곳도 달라요. 다람쥐는 땅을 파서 만든 땅속둥지를 기본으로 해요. 이와 달리 나무 위에서 사는 청설모는 둥지도 나무에 만들어요. 나무 구멍이나 나뭇가지로 만들어 까치집을 닮은 둥지에서 생활한답니다.

또 좋아하는 먹이가 좀 달라요. 청설모는 호두, 가래, 밤 등 나무 열매를 먹어요. 열매 외에도 나뭇잎, 나무껍질, 곤충, 버섯, 심지어는 새의 둥지를 뒤져 알을 꺼내 먹기도 한답니다. 물론 도토리도 잘 먹어요. 이렇듯 청설모와 다람쥐 모두 다양한 먹이를 먹는데, 가장 좋아하는 먹이는 좀 달라요. 다람쥐는 도토리를 무척 좋아하고 청설모는 잣을 아주 좋아하지요.

시튼의 《동물기》에는 '깃발꼬리청설모'에 대한 이야기가 있어요. 이 청설모는 이름 그대로 깃발을 세운 것처럼 꼬리가 서 있답니다. 시튼은 독버섯을 먹고 죽을 뻔한 깃발꼬리청설모가, 독버섯도 말리면 먹을 수 있다는 것을 알게 되는 장면을 소개했어요. 한국에 사는 청설모도 버섯은 먹는데, 깃발꼬리청설모처럼 독버섯을 말려 먹는지 궁금하네요.

마지막으로 먹이를 나르고 저장하는 방법이 달라요. 다람쥐는 볼주머니에 먹이를 넣고 다니는데, 청설모는 입에 물고 다니지요. 또 다람쥐가 '분산 저장'과 '둥지 내 저장'을 하는 것과 달리 청설모는 '둥지 내 저장'은 하지 않고 '분산 저장'만 해요. 땅속뿐만 아니라 바위 구멍이나 나뭇가지 사이에 먹이를 숨긴 뒤, 한겨울에 먹이가 떨어지면 저장한 것을 찾아 먹으며 굶주림을 이겨 낸답니다.

한편, 한국 청설모의 아종인 '에조 청설모'가 일본 홋카이도에 살고 있어요. 그 밖의 지역에서는 '일본 청설모'가 살지요. 일본 청설모는 한국 청설모보다 몸집이 약간 작고, 털빛은 짙은 갈색이에요.

옛날에는 일본 청설모를 일본 어느 지역에서나 볼 수 있었지만, 지금은 시골이나 산이 아니면 만나기 힘든 동물이 되었어요. 그래서 일본에서는 도

● 다람쥐와 청설모의 서로 다른 생활 모습

시의 공원에 일본 청설모가 살 수 있는 계획을 세웠답니다.

가장 적극적이었던 도쿄의 '이노가시라 자연문화원'에서는 1984년 일본 청설모를 공원에 놓아 주었어요. 하지만 청설모는 모두 도망갔지요. 결국 청설모 150마리를 커다란 우리 속에서 기르며, 사람들이 그 속에 들어가서 구경하는 것으로 계획을 바꿨어요. '신주쿠공원'에서도 청설모를 풀어놓고 기르려 했지만, 3년 뒤 모두 도망가고 말았어요. 이렇듯 도시의 공원에서 청설모를 살게 하려던 일본의 계획은 실패했답니다.

반면 한국에서는 청설모를 쉽게 볼 수 있지요. 일본인들은 이걸 부러워하고 있어요. 하지만 농작물에 해를 준다고 또는 사람에게 피해를 준다고 무조건 퇴치한다면, 언젠가는 일본처럼 청설모를 보기 힘들어질지 몰라요. 그러니 지혜를 발휘해 청설모와 함께 살 수 있는 방법을 찾도록 노력해야 할 거예요.

2) 어디에 있을까, 한국의 날다람쥐

독일 하이델베르크에는 여러 문인과 사상가들이 산책한 것으로 유명한 '철학자의 길'이 있어요. 내가 사는 교토에는 '철학의 길'이 있답니다. 나는 동물을 좋아하는 친구가 오면 꼭 이곳에 함께 들러요. 하지만 산책이나 관광을 하려는 게 아니에요. '철학의 길'을 따라가다 보면 작은 절이 나오는데, 이곳에는 날다람쥐가 살고 있어요. 근처에 사는 나는 날다람쥐를 자주 볼 수 있지만 한국에서는 그렇지 못하니, 이것을 보여 주기 위해 일부러 찾아가는 거예요.

한국에 사는 청설모과科 동물은 청설모, 다람쥐, 하늘다람쥐, 날다람쥐 총 4종이라고 했어요. 그런데 세계에는 250종 이상의 청설모과 동물이 살고 있어요. 이들은 활동하는 시간대에 따라 두 종류로 나뉘어요. 낮에 활동하는 '주행성' 동물을 묶어 '청설모아과亞科'라 하고, 밤에 활동하는 '야행성' 동물은 '하늘다람쥐아과亞科'라고 한답니다.

날다람쥐는 '하늘다람쥐아과'에 속하는 야행성 동물이에요. 그래서 해가 지고 얼마 있으면, 커다란 나무줄기의 구멍으로 잠이 깬 날다람쥐가 보이기 시작해요. 날다람쥐가 비행하는 모습을 보면 모두 놀라워하지요. 신문지 절반 정도 크기의 커다란 동물이 날아가는 모습을 본다면, 아마 친구들도 그럴 거예요.

날다람쥐의 최고 비행 기록은 200미터라고 해요. 날개가 없는데 비행할 수 있는 것은 앞발과 뒷발에 걸쳐 있는 '비막(익막)' 덕분이랍니다. 날다람쥐는 비막을 이용해 마치 글라이더처럼 날아 나무에서 나무로 옮겨 가요. 한국에서 온 친구들 가운데 날다람쥐를 직접 본 사람은 거의 없을 거예요. 그러니 날다람쥐가 날아다니는 모습을 보면 무척 놀라워하지요.

앞에서 한국에 사는 청설모과 동물 가운데 날다람쥐도 있다고 했는데, 과연 정말일까요? 기록을 보면, 1923년에 경성대학교(오늘날의 서울대학교)의

교수였던 모리 타메조란 일본 사람이 시장에서 팔리던 날다람쥐 털가죽을 발견했다고 해요. 그것이 한국에도 날다람쥐가 산다는 증거가 되었지요. 하지만 그 뒤로 날다람쥐가 발견된 적은 없었어요. 그래서 학자들은 날다람쥐가 사는 곳은 아열대를 중심으로 한 온대 남부지역이므로, 한국에서는 원래 살지 않았다고 추측한답니다.

3) 귀여운 만큼 귀한 동물, 하늘다람쥐

집 근처에서 날다람쥐를 자주 보는 나는 하늘다람쥐의 비행도 본 적이 있어요. 하늘다람쥐는 날다람쥐와 비슷한 점이 많아요. 밤에 활동하는 야행성이고, 비막이 있어 비행도 할 수 있답니다.

하지만 하늘다람쥐는 엽서 두 장 정도의 크기로 날다람쥐보다 훨씬 작아요. 또한 최고 비행 기록도 50미터 정도로 그리 멀리 날아가지는 못해요.

하늘다람쥐는 북유럽에서 중국에 이르기까지 넓은 지역에서 살고 있지만, 한국의 하늘다람쥐는 다른 것과 다르게 진화한 특이종이에요. 우리나라에서 하늘다람쥐는 1967년 4월에 경기도 남양주에서 새끼 두 마리가 번식했다고 처음으로 기록되었어요. 그런데 그 수가 많지 않아 1982년에 천연기념물 제328호로 지정되었답니다.

이렇듯 보기 힘든 하늘다람쥐지만 백두산 일대에서는 흔한 동물이라고 해요. 한국 중남부 지역에서는 경기도 남양주의 광릉 숲 일대에 살고 있어요.

한국 다람쥐와 일본 다람쥐

한국 다람쥐와 일본 다람쥐는 같은 시베리아 다람쥐이지만 다른 점이 있다고 했어요. 예를 들어 한국 다람쥐 가운데에는 겨울잠을 자지 않는 경우도 있는데, 일본 다람쥐는 모두 겨울잠을 자요. 그리고 한국 다람쥐가 머리를 숙이고 혀로 물을 핥아 먹는 것과 달리, 일본 다람쥐는 양치하듯 고개를 들었다가 내리면서 마신다고 해요.

같은 시베리아 다람쥐지만 더 자세히 조사한다면 또 다른 차이점을 찾을 수 있어요. 이런 경우를 '아종亞種'이라고 해요. 한국 다람쥐와 일본 다람쥐는 같은 시베리아 다람쥐이지만 서로 다른 아종 관계지요. 그 밖에 중국 아종도 있어요.

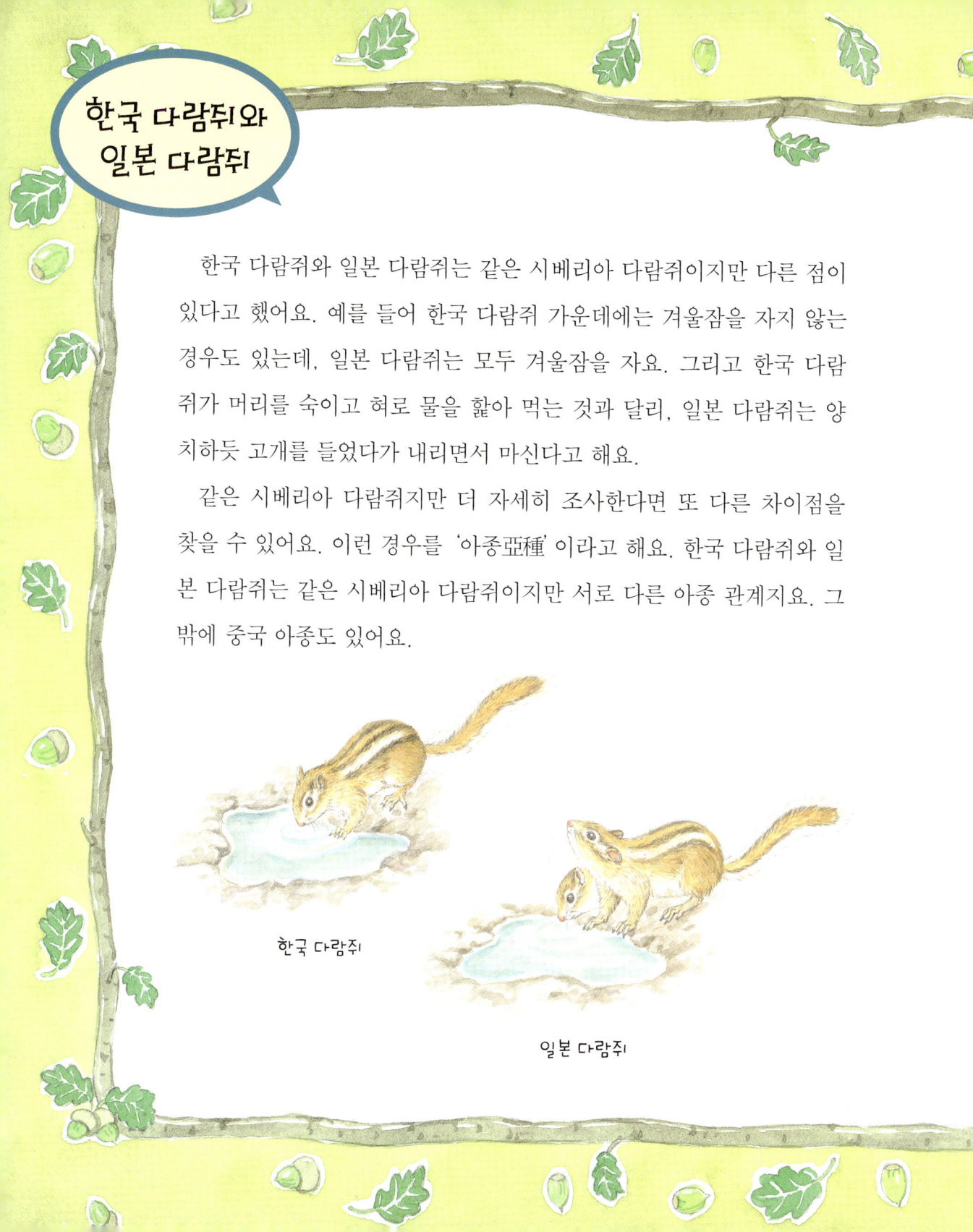

한국 다람쥐

일본 다람쥐

시베리아 다람쥐는 드넓은 유라시아 대륙에 흩어져 살고 있어요. 러시아처럼 추운 지역부터 한국의 남부처럼 비교적 따뜻한 곳까지 사는 곳도 다양하고, 먹이의 종류나 둥지 형태도 조금씩 차이가 있답니다.

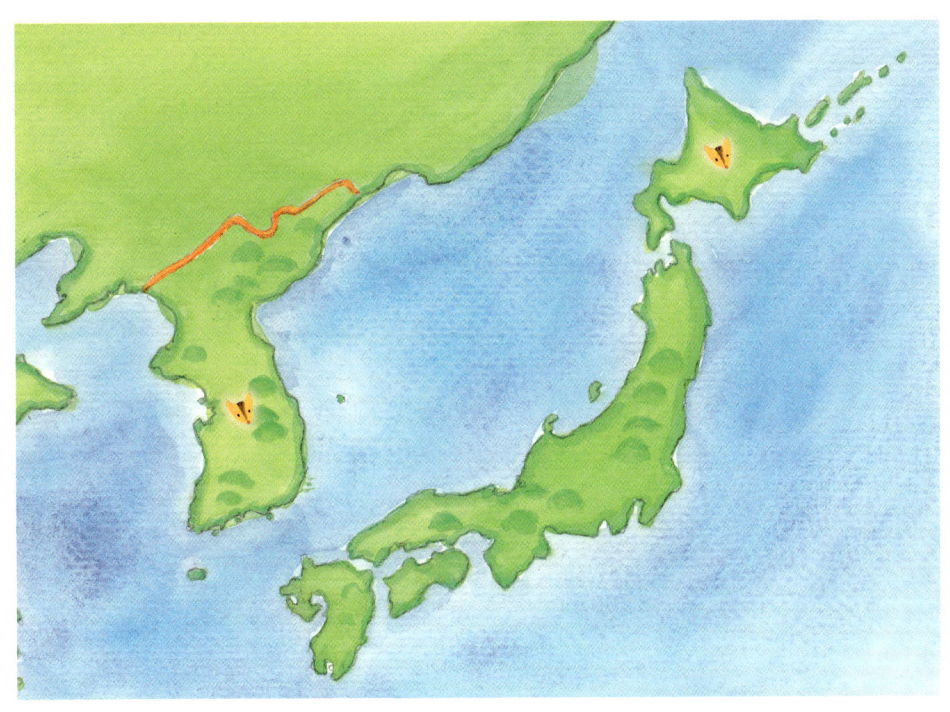

한반도에 사는 한국 다람쥐
일본 홋카이도에 사는 일본 다람쥐

4. 한국 다람쥐의 슬픈 역사

1) 한민족과 함께 살아온 한국 다람쥐

'호작도'는 호랑이와 까치가 조화를 이룬 그림이에요. 호랑이와 소나무 가지에 앉은 까치가 사람에게 기쁜 소식을 가져온다고 하여 오래전부터 많이 그려졌지요. 호랑이와 까치만이 아니에요. 이 책의 주인공인 다람쥐도 많이 등장한답니다. 〈인왕제색도〉, 〈금강전도〉 등으로 유명한 화가 겸재 정선(鄭敾, 1676−1759)도 다람쥐를 그렸어요.

오른쪽 그림은 8폭 병풍에 그려진 것 가운데 하나로, 그린 이는 알지 못합니다. 그림을 보면, 잘 익은 포도와 함께 포도 덩굴을 오가는 다람쥐가 그려져 있어요. 열매가 많이 달린 포도와 새끼를 잘 키우는 다람쥐를 그려, 자손이 번영하기를 간절히 바란 것이지요. 또한 포도의 구불거리는 긴 덩굴이 '용'과 비슷하다고 생각했어요. 우리 민족에게 용은 복되고 길한 상상의 동물이었지요. 그래서 포도와 다람쥐는 까치와 호랑이 못지않게 우리 민족이 사랑한 그림 소재로, 특히 도자기에 많이 잘 그려졌어요.

이처럼 다람쥐는 우리와 더불어 살아온 아주 친근한 벗이랍니다. 그런데 근대에 들어서면서 터무니없는 고통을 받게 되었지요. 그럼에도 다람쥐들이 겪은 일에 대해 아는 사람은 별로 없어요. 나는 그 사실이 슬프답니다. 이 책을 쓴 이유도 친구들에게 바로 그 이야기를 하고 싶어서예요.

화훼영모도 8폭 병풍, 청주박물관

2) 한국을 떠난 동물들

나는 일본에 사는 '재일 교포'라고 했어요. 나의 할아버지는 1930년에 경상남도 진양군(오늘날의 진주시)에서 일본으로 건너왔어요. 그래서인지 나는 한국과 일본을 오간 동물들에 대해 늘 알고 싶었답니다. 《황새》(우리교육), 《코끼리 사쿠라》(창비)처럼, 지금까지 내가 쓰고 한국에서 펴낸 책은 한국과 일본을 오간 동물에 대한 이야기가 많아요.

그러던 몇 해 전, 생각지 못한 놀라운 자료를 발견했어요. 거기에는 한국 다람쥐를 일본이 외국으로 보냈다고 나와 있었어요.

'왜 한국에 사는 다람쥐가 일본에 의해서 외국으로 가야 했을까?'

아마 친구들도 이렇게 생각할 거예요. 이걸 이해하자면 먼저 쓰라린 과거 이야기를 해야 해요.

조선이 일본의 침략을 받았을 때, 많은 사람들이 일본을 비롯한 외국으로 가게 되었어요. 나의 할아버지와 할머니처럼 말이에요. 이에 대해서는 친구들도 역사 수업이나 책을 통해 알고 있을 거라 생각해요. 하지만 조선을 떠난 것은 사람만이 아니었어요. 동물들도 나라를 떠날 수밖에 없었답니다.

당시 일본은 '창경궁'을 '창경원'이라 낮추고, 그곳에 동물원을 만들었어요. 1909년에 세워진 조선 최초의 동물원은 일본인이 관리하는 일본의 동물원이었지요. 거기서 사육된 동물은 아주 싼 값이나 공짜로 일본에 보내졌어요. 뿐만 아니라 우리나라에 살던 호랑이, 늑대, 스라소니 등의 희귀한 동물이 산 채로 잡혀 일본으로 가게 되었어요. 현재 일본에 있는 국제보호조 따오기의 박제 52체 가운데 13체는 조선에서 가져간 것이랍니다.

다람쥐도 역시 일본 동물원에 팔렸어요. 일본 오오사카시텐노지동물원이 창립 70년을 맞이해 발행한 책에서는 이런 기록을 찾을 수 있었어요.

1934년/ 3년 전에 나카타 씨를 통해서 구입.
1939년 5월 18일/ 5마리를 0.8엔으로 구입.

아마도 당시 일본의 여러 동물원이 이와 같은 식으로 다람쥐를 샀을 거라 추측돼요. 광복 뒤에도 다람쥐의 처지는 변화가 없었어요. 6·25로 일본이 경제를 회복한 1960년대, 애완동물이 큰 인기를 얻기 시작했어요. 가장 인기가 많았던 것은 다름 아닌 다람쥐였답니다.

일본의 홋카이도에 사는 일본 다람쥐는 법으로 보호를 받아 사람이 키울 수 없었으니, 일본은 그 뒤로도 여전히 한국 다람쥐를 수입해 동물원에서 전시했고, 동물 가게에서 팔았던 거예요.

고베시립오오지동물원이 창립 50년을 맞이해 펴낸 책에는, 1957년에 무려 148마리의 '조선 다람쥐'를 구입했다는 기록이 남아 있어요. 이 기록은 그 당시 다람쥐의 대량 수입이 쉽게 이루어졌고, 엄청난 수의 한국 다람쥐가 일본으로 건너왔다는 명백한 증거가 돼요.

일본인들은 조선에서 가져간 다람쥐를 일본 다람쥐와 구별하기 위해 '조선 다람쥐'라 불렀어요. 그것이 오늘날까지 이어져 지금도 한국 다람쥐를 조선 다람쥐라 부른답니다.

🌰 '일본의 친선 대사'로 미국에 도착한 한국 다람쥐

1945년 8월 15일, 조선은 해방이 되었고 일본은 미국의 관리를 받게 되었어요. 하지만 한국이 비극적인 전쟁을 겪고 있던 1951년, 일본은 미국 샌프란시스코에서 연합국들과 강화 조약을 맺으며 관리에서 벗어납니다. 아래에 있는 글은 1958년 4월 27일 산케이 신문 기사의 일부분이에요.

> **조선 다람쥐 친선 대사로 시애틀행**
> 고베시는 지난해 가을부터 추진하던 동물 교환으로 고베시립오오지동물원의 조선 다람쥐 20마리를 자매 도시인 시애틀로 보내기 위해 26일 검역을 실시했다.

이 동물 교환은 아시아태평양전쟁이 끝난 뒤 일본이 처음으로 하는 국제 교류였어요. 전쟁에 끝난 뒤 일본은 미국의 관리를 받았으니, 처음으로 교류하는 나라가 미국인 건 당연한 일이었겠지요.

그런데 어째서 일본과 미국의 교류에 조선 다람쥐 즉, 한국 다람쥐가 친선 대사로 뽑힌 걸까요? 당시 세계 정치의 흐름을 보면 그 답을 알 수 있어요.

보통 동물 교환은 서로 받거나 보내고 싶은 명단을 만들어 상의해요. 다람쥐가 많이 사는 미국은 자기 땅에서 볼 수 없던 시베리아 다람쥐에게 큰 관심이 있던 것 같아요.

그 당시 세계는 미국과 옛 소련을 중심으로, 자본주의 나라와 사회주의 나라가 맞대결을 하고 있어 전쟁이 일어날 수도 있는 시기였어요. 시베리아 다람쥐가 사는 곳은 러시아(당시의 소련), 중국, 몽골, 북한 등 한때 사회주의였거나 지금도 그러한 나라들이니, 미국 쪽에서는 구하기가 쉽지 않았던 것으로 생각돼요.

그런데 일본의 친선 대사로 한국 다람쥐를 미국에 보낸 것은 고베시만이 아니었어요. 내가 사는 교토의 교토시 동물원은 일본에서 둘째로 오래된 동물원이에요. 교토시 동물원도 1962년 7월 24일, 조선 다람쥐 즉, 한국 다람쥐 4마리와 홋카이도에 사는 에조 청설모 2마리를 자매 도시인 미국 보스턴의 한 동물원에 보냈답니다.

1958년 4월 27일 산케이 신문 기사
조선 다람쥐를 친선 대사로 시애틀에 보낸다는 내용이 실려 있다.

심각한 생태계 혼란

해방 뒤에도 일본은 한국의 동물을 계속 수입했어요.

세계에는 멸종 위기에 처한 야생동식물에 관한 협약이 있어요. 1973년에 미국 워싱턴에서 개최된 국제회의에서 채택되어 '워싱턴 협약'이라고 해요. 한국은 1993년에 가입을 했고 그 뒤에야 겨우 다람쥐의 수출을 금지했답니다.

한국이 다람쥐 수출을 금지하자 일본에서는 중국에서 들여온 다람쥐가 팔리기 시작했어요. 이 가운데 밀렵으로 잡혀 온 한국 다람쥐도 적지 않았을 것으로 생각돼요.

그런데 약 90년에 걸쳐 수입된 한국 다람쥐는 오늘날 일본에서 심각한 문제가 되고 있어요. 일본 홋카이도의 일본 다람쥐는 반드시 겨울잠을 잔다고 했지요? 그런데 최근에는 그렇게 추운 홋카이도에서도 겨울잠을 자지 않는 다람쥐가 보고된다고 해요. 이것은 지구온난화 때문이 아니라 겨울잠을 자지 않는 한국 다람쥐가 탈출해 그대로 야생화가 된 것이라고 볼 수 있어요. 또한 1989년 자료에 의하면 일본의 반 이상 되는 지역에서 원래는 없던 다람쥐가 번식해 살고 있다고 해요.

일본 다람쥐와 한국 다람쥐를 모두 키운 사람의 이야기를 소개한 책이 있어요. 그에 따르면 일본 다람쥐와 한국 다람쥐를 한 우리에 넣었더니 싸움이 벌어졌고, 일본 다람쥐는 그때의 상처 때문에 겨울잠을 자다가 죽었다고 해요. '한국 다람쥐 장하다!' 하고 박수 칠 이야기가 아니에요.

일본 다람쥐가 크게 상처입고 죽었다는 사실은, 홋카이도에 한국 다람쥐가 살게 될 경우 일본 다람쥐가 사라질 수도 있다는 말이 돼요. 다람쥐는 세력 다툼을 하지 않으니 잡종도 많이 생기겠지요. 가장 큰 문제는 이런 혼란이 어떤 결과를 가져올지 아무도 예측할 수 없다는 거예요.

과거에 한국 다람쥐가 간 곳은 일본만이 아니었어요. 1970년대에는 프랑스에도 수많이 수출되었지요. 지금 파리의 공원에는 한국 다람쥐가 살고 있어요. 그런데 원래 유럽에 없던 다람쥐가 살게 되면서 여러 문제가 생기기 시작했고, 귀여운 다람쥐는 이제 골칫거리가 되었답니다.

외국에서 들여온 동물들을 실수로 잃어버리거나 동물이 탈출해 야생에 적응한다면, 한국도 일본이나 프랑스 같은 혼란을 경험하게 될 거예요. 어쩌면 한국에서도 이런 문제가 이미 일어나고 있을지도 몰라요. 무분별하게 동물을 수입하고 관리하지 못한 일본의 상황은, 모두가 교훈으로 삼아야 할 심각한 문제라는 것을 알아야 해요.

2005년에 일본 정부는 청설모류의 수입을 완전히 금지했어요. 그런데 다람쥐의 수입은 아직 금지하지 않았지요. 그래서 홋카이도의 일본 다람쥐는 여전히 외국 다람쥐의 위협을 받고 있답니다. 그런데 한국은 어떤가요?

5. 다람쥐와 함께 사는 숲

1) 도토리는 멧돼지가 먹는 밤?

다람쥐의 중요한 먹이인 도토리. 그런데 이름에 '도토리'가 들어간 나무는 없어요. 도토리는 굴참나무, 졸참나무, 물참나무, 떡갈나무 등 가을에 잎이 떨어지는 낙엽수와 가시나무, 종가시나무, 참가시나무, 털가시나무 등

겨울에도 잎이 떨어지지 않는 상록수의 열매를 뜻해요. 세계에 도토리를 맺는 식물은 600종이 넘는다고 해요.

그런데 도토리는 어디에서 온 말일까요? 우리나라에서 최초로 '도토리'란 말이 기록된 책은 《향약구급방》이에요. 이 책은 고려 고종 때 나온 한의서인데, 지금 전하는 것은 1417년에 간행된 것이라고 해요.

《향약구급방》에는 '도토리' 대신 '저의율猪矣栗'이란 말이 나와요. '저의율'을 한자 그대로 풀이하면 '멧돼지의 밤' 즉, '멧돼지가 먹는 밤'이 된답니다. 이 말이 도토리가 되었다니 신기하지요?

다람쥐만이 아니라 멧돼지도 도토리를 먹어요. 그 밖에 청설모와 곰, 들쥐, 노루, 너구리도 도토리를 먹지요. 사람도 마찬가지예요. 한국에서는 오래전부터 도토리로 묵을 쑤어 먹었고, 유럽 등에서는 도토리 가루로 빵을 구워 먹었어요.

그런데 도토리는 숲의 동물에게 없어서는 안 되는 중요한 먹이랍니다. 그러니 산에서 도토리를 포함한 나무 열매를 함부로 가져와서는 안 되겠지요?

2) 나무와 동물이 맺은 약속

동물문학 작가 시튼은 히코리나무와 깃발꼬리청설모에 대한 이야기를 남겼어요. 커다란 꼬리가 마치 깃발 같다고 해 '깃발꼬리청설모'라 이름 붙은 청설모와 히코리나무의 이야기예요. 그 한 부분을 같이 살펴볼까요?

먼 옛날, 히코리나무가 깃발꼬리청설모에게 말했어요.

"내 열매를 땅에 묻어 주세요. 열매 100개를 묻으면 95개를 보답으로 드릴게요. 부디 나머지 5개는 먹지 말고 그대로 놔두세요. 그 열매가 큰 나무로 자라면 다시 열매를 맺게 될 거예요."

깃발꼬리청설모들은 이 약속을 지키려고 히코리 열매를 부지런히 땅에 묻었어요. 그래서 지금도 히코리 숲에 가을이 찾아오면 청설모들이 나무 열매를 열심히 묻는 모습을 볼 수 있습니다.

나무는 사람에게도 꼭 필요합니다. 집이나 가구를 만드는 데 없어서는 안 되며, 종이 또한 나무로 만듭니다. 나무의 뿌리는 물을 흡수해 홍수를 막아 주고, 무엇보다 더러워진 공기를 깨끗하게 해 줍니다.

이처럼 청설모가 히코리 열매를 묻지 않으면 숲은 성장을 멈춥니다. 새로운 나무가 자꾸 자라지 않는다면 숲은 시들고 끝내는 사라질 것입니다.

청설모가 없어진다면 히코리 열매를 묻어 줄 존재도 사라지고, 그렇게 되면 숲은 물론 사람도 살 수가 없습니다. 그러니 청설모를 보호하지 않는 것은 결국 우리를 보호하지 않는 것과 같습니다.

깃발꼬리청설모는 지금도 숲에서 살고 있습니다. 혹시 회색 청설모 가운데 특별히 꼬리가 두텁고 푹신푹신해 보이는 기운찬 청설모가 있다면, 이 이야기의 주인공인 깃발꼬리청설모가 틀림없으니 조용히 지켜봐 주세요.

시튼의 이야기 속 청설모처럼 다람쥐도 나무의 열매를 땅에 묻어요. 이걸 '분산 저장'이라고 했지요? 그 밖에도 많은 동물들이 도토리나 열매를 땅에 묻는답니다.

들쥐는 땅속에 굴을 파고 그곳에서 겨울을 나요. 다람쥐처럼 겨울잠을 자는 동안 먹을 도토리를 둥지에 모으고, 남는 것은 여기저기에 묻지요. 비교적 몸집이 큰 새인 어치는 경사진 벼랑에 도토리를 숨겨요. 겨울잠을 자지 않는 어치는 배가 고프면 숨겨 놓은 도토리를 꺼내 먹어요.

하지만 다람쥐도, 청설모도, 들쥐도, 어치도 묻어 놓은 도토리를 다 찾지는 못해요. 그렇게 땅속에 묻힌 채로 남아 있던 도토리는 시간이 지나면 싹을 틔우고 점점 큰 나무로 자란답니다.

나무에게 이런 동물들은 아주 중요한 친구들이에요. 도토리는 건조한 곳에서는 싹을 틔우지 못해요. 그래서 땅 위로 떨어지면 그대로 말라 버리지요. 너무 깊은 땅속에 묻혀도 안 돼요. 식물은 태양빛을 받아야 살 수 있으니까요. 너무 깊이 묻힌 도토리는 뿌리가 나오고 싹이 터도, 빛을 받지 못해 죽어 버려요.

그런데 신기하게도 도토리를 묻는 동물들은 도토리가 죽지 않고 자랄 수 있는 깊이를 잘 알고 있어요. 나무를 심는 데 아주 중요한 일꾼들이랍니다. 그러니 다람쥐가 사라진다면 숲도 사라질 수 있는 거예요.

나무와 동물들은 서로 도우며 살아왔어요. 이처럼 서로가 서로의 도움을 받으며 오래도록 함께 사는 것을 '공생共生'이라고 해요. 그리고 모든 생물은 함께하지 않으면 살 수가 없답니다.

이야기를 마치며

다람쥐를 쉽게 만날 수 있는 한국의 친구들이 부럽다고 이 책을 시작하면서 말했어요. 그런데 한 신문을 보고 깜짝 놀란 적이 있답니다. 서울시에서 보호해야 할 동·식물 가운데 다람쥐가 포함되었다는 기사를 보았기 때문이에요.

놀랍게도 다람쥐는 이제 보호 동물이 되어 버린 거예요. 북한산이나 관악산 등에서도 다람쥐를 보는 것은 쉽지 않아졌지요. 다람쥐를 한국 어디에서나 볼 수 있다고 생각한 나는 큰 충격을 받았어요.

산에서도 다람쥐를 보기 힘든 까닭은 무엇일까요?

북한산처럼 등산객이 많은 산에는 사람들이 버리고 간 쓰레기가 많아요. 이것을 버려지거나 도망친 고양이들이 먹기 시작했고, 산에 사는 고양이의 수가 늘어나기 시작했어요. 다람쥐에게 고양이는 무서운 천적이 되었지요.

게다가 산에 놀러온 사람들이 도토리를 주워 가면서 다람쥐들이 먹을 것이 부족해졌어요. 그 문제가 너무 심각해서 사람들은 '다람쥐를 위해 도토리를 남겨 주세요!' 같은 현수막을 들고 서명운동을 하기도 했지요.

다람쥐에 대한 많은 이야기를 가지고 있는 아메리칸인디언들은 '사람은 자연의 일부'라고 생각했어요. 또한 사람의 어머니인 대지大地에는 되도록 발자국을 남기지 말아야 한다는 조상들의 가르침을 지키기 위해 노력했어요. 그래서 작은 생명도 소중히 여기며 평화롭게 살았답니다.

　오래전부터 이 땅에 살아온 다람쥐는 이제 보호받지 않으면 사라질 수도 있는 동물이 되었어요. 그것을 막을 방법을 모두가 함께 생각해야 해요. 가장 중요한 것은 먼저 다람쥐에 대해 잘 알기 위해 노력하는 것이라고 생각해요. 이 책이 다람쥐와 만나 친구가 되는 데 도움이 될 거라 믿어요.

1. 다람쥐는 어떻게 생겼을까?

산에 가면 볼 수 있는 귀여운 다람쥐. 움직임이 정말 빨라서 자세히 관찰하기가 쉽지 않아요.
다람쥐의 생김새는 어떤지 살펴볼까요?

◀ 앞에서 본 내 모습 어때?

▲ 쿵쿵 이게 뭘까? 엎드린 모습을 보니 내 몸도 긴 편이지?

▲ 잠깐 쉬면서 찰칵! 옆에서 본 내 얼굴은 뾰족해.

▲ 등에는 까만 줄무늬 다섯 개가 있어.

▲ 바위에 앉아서 먹이를 먹고 있어.

2. 다람쥐는 어디서 살까?

다람쥐는 땅에서 살까, 나무 위에서 살까? 정답은 둘 다! 오늘도 다람쥐는 땅과 나무 위에서 부지런히 살아가요.

▲ 나 중심 잘 잡지?

▲ 조심조심 나무를 오르고 있어.

▲ 이번에는 조심히 나무에서 내려가는 중!

▲ 나무 구멍에 만든 둥지에서 엄마를 기다려.

▲ 나뭇가지에 올라가 먹는 꽃은 특히 더 맛있어.

▲ 눈 내린 추운 날이지만 잠깐 나가 볼까?

▲ 땅 파느라 바쁘니 나중에 오세요!
왜 나뭇잎을 물고 가느냐고? 다 쓸 데가 있지! ▶

ⓒ 장현주

▶
"엄마 저기 좀 봐요."
"아가야, 뭔데 그러니?"

ⓒ 장현주

▲ 지금은 짝짓기 중이에요.

▲ 다람쥐도 싸워야 할 때는 물러서지 않아!

3. 다람쥐는 무얼 먹을까?

도토리는 다람쥐에게 중요한 먹이예요. 그럼 도토리만 먹을까요?
사실 다람쥐는 식물성 동물성 먹이를 다 잘 먹는 잡식성 동물이랍니다.

▲ 휴~ 볼주머니를 다 채웠으니 이제 가 볼까?

▲ 냠냠 풀은 맛있어~
ⓒ 손영규

보기 좋은 꽃이 맛도 좋구나. ▶

▲ 빨갛게 익은 방울토마토도 좋아해요.

▲ 뭐 먹느냐고? 통통한 메뚜기~

▲ 내가 개구리를 먹는 줄은 몰랐을걸?

4. 다람쥐의 친척들

청설모, 하늘다람쥐, 날다람쥐는 모두 다람쥐의 친척이랍니다.
자세히 보면 닮은 점이 있어요. 한번 찾아볼까요?

▲ 안녕! 나는 날다람쥐야.

ⓒ 전현석

▲ 내 이름은 청설모. 알고 보면 귀염둥이랍니다~

ⓒ 김황

◀ 김황 선생님이 날다람쥐와 함께 사진을 찍었어요.
날다람쥐가 정말 크지요?

▲ 야호, 눈이 왔다!

▲ 천연기념물인 하늘다람쥐 등장이요~

▲ 털이 보들보들 부드러울 것 같지?

5. 다람쥐가 위험해요!

평화롭게 살던 다람쥐들에게 걱정거리가 생겼다고 해요. 무슨 일이 생긴 걸까요? 사진을 살펴보고, 우리가 할 수 있는 것은 무엇일지 함께 생각해 봐요.

▲ 나무 열매는 산에 사는 동물의 소중한 먹이야. 그러니 함부로 가져가면 안 되겠지?
　지금도 많은 사람들이 나무 열매를 지키기 위해 노력하고 있어.
　그러니 산에 있는 예쁜 꽃이나 열매는 눈으로 보기로만 약속하자.

▲ 이건 지리산 국립공원에서 찍은 사진이야. 산에 가면 이런 현수막을 많이 볼 수 있지.
　또 어떤 것들이 있는지 친구들과 함께 조사해 보는 건 어떨까?

▲ 어느 날부터 산에 모이기 시작한 고양이들이 다람쥐들의 무서운 천적이 되었어. 하지만 고양이만 탓할 수는 없어. 왜냐고? 이들은 사람에게 버림받아 야생에 적응할 수밖에 없었거든. 고양이들이 왜 산에 살게 되었는지, 다람쥐처럼 작은 동물에게 어떤 영향을 주는지 함께 생각해 보자.

▲ 불씨 하나로 모든 게 사라질 수도 있어. 산불이 나면, 그곳에 사는 생명들은 한순간에 살 곳을 잃거나 때로는 죽기도 해. 게다가 산이 다시 제 모습을 찾으려면 오랜 시간이 걸려. 자연을 보호하는 것은 우리와 더불어 사는 동식물뿐만 아니라 우리 자신을 지키는 일이기도 해. 그러니 불씨 하나도 조심하고 나무 한 그루도 소중히 생각해야겠지?

참고 도서

김장근 외 지음, 박정길 그림,《한국의 포유동물》, 동방미디어, 2004

우한정 지음, 여동완 사진,《다람쥐와 청설모》, 웅진, 1993

박병상 지음, 박흥렬 그림,《이것은 사라질 생명의 목록이 아니다》, 알마, 2007

川道美枝子,《シマリスの冬ごし大作戦》, 文研出版, 1987

霍野晋吉,《くわしいリスの醫・食・住》, どうぶつ出版, 2007

《アニファブックス リス》, スタジオ・エス, 2001

大野瑞繪,《ザ・リス》, 誠文堂新光社, 2005

シートン, 今泉吉晴 譯,《シートン動物誌》, 紀伊國屋書店, 1998

シートン,《シートン動物記》, 集英社, 1988

川道 武男 編集,《冬眠する哺乳類》, 東京大學出版學會, 2000

小林朋道,《先生'シマリスがヘビの頭をかじっています!》, 築地書館, 2008

毎日新聞環境部,《生きものたちのシグナル》, 岩波ジュニア新書, 2005

こうや すすむ,《どんぐり》, 福音館, 1988

ビアンキ,《ビアンキのこども動物記》, 理論社, 1968

エリコ・ロウ,《アメリカ・インディアン 笑って生きる知惠》, PHP文庫, 2007

《諏訪子と歩んだ50年》, 神戸市, 2001

《京都市動物園80年のあゆみ》, 京都市, 1984

《大阪市天王寺動物園70年史》, 大阪市, 1985